Mi vida  americano

Ann H. Matzke

Rourke
Educational Media
rourkeeducationalmedia.com

Scan for Related Titles
and Teacher Resources

PHOTO CREDITS: Cover: © Richard Seeney, subjug, JOE CICAK; Title Page: © Coral Coolahan; Page border: © Jason Lugo; Page 3,10,11,13: © Library of Congress; Page 5: © Linda Steward; Page 6,7: © Helena Lovincic; Page 8: © The Probert Encyclopedia; Page 9: © Andrew Penner; Page 12: © www.gallery.oldbookart.com; Page 14: © Denver Public Library hosted by LOC; Page 15: © John Johnston; Page 16, 21: © Imagesbybarbara; Page 17: © Ralf Hettler; Page 18: © Christopher Hudson; Page 19: © Jon Jordan Spirit of the Eagle Presentations; Page 20: © Bill Perry;

Edited by: Precious McKenzie
Traducido y editado por Danay Rodríguez.
Cover design by: Tara Raymo
Interior design by: Renee Brady

Library of Congress PCN Data

Mi vida como nativo americano / Ann H. Matzke
(El Pequeño Mundo de Estudios Sociales)
ISBN 978-1-61810-141-9 (hard cover)(alk. paper)
ISBN 978-1-61810-274-4 (soft cover)
ISBN 978-1-61810-399-4 (e-Book)
ISBN 978-1-63430-138-1 (hard cover - spanish)
ISBN 978-1-63430-164-0 (soft cover - spanish)
ISBN 978-1-63430-190-9 (e-Book - spanish)
Library of Congress Control Number: 2014953699

Also Available as:
ROURKE'S
e-Books

Rourke Educational Media
Printed in the United States of America,
North Mankato, Minnesota

Rourke
Educational Media

rourkeeducationalmedia.com

customerservice@rourkeeducationalmedia.com • PO Box 643328 Vero Beach, Florida 32964

Yo soy un nativo americano. Mis bisabuelos vivían en las **Grandes Llanuras**. Déjame contarte un poco acerca de ellos.

Vivían en grupos familiares los jóvenes y los viejos, en una o varias comunidades que formaban una **tribu**.

Las tribus vivían en las Grandes Llanuras dedicándose a la cacería de búfalos.

Datos de los nativos americanos

Ha habido muchas tribus de nativos americanos viviendo en América del Norte.

Mi familia es lakota. La casa de mis bisabuelos era un **"tipi"**.

Datos de los nativos americanos

La cubierta de un "tipi" está hecha de pieles de búfalo que permiten que entre la luz pero son resistentes al agua y protegen del viento, la lluvia, el hielo y la nieve.

7

Ellos se mudaron para seguir a los búfalos y empacaron su "tipi" y pertenencias en un "**travois**".

Datos de los nativos americanos

Las tribus aparajó, pies negros, cheyenne, crow y lakota se mudaron a las Grandes Llanuras siguiendo a los búfalos.

Los hombres de mi tribu **cazaban** búfalos.

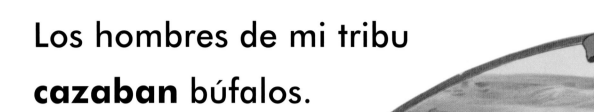

Datos de los nativos americanos

Los búfalos proporcionaban comida, ropa, herramientas y refugio. Se utilizaban todas las partes de los búfalos, nada se desperdiciaba.

En algunas tribus los hombres **interpretaban** la danza del búfalo antes de salir a cazar.

Datos de los nativos americanos

Los hombres usaban máscaras de búfalos para danzar mientras que otros cantaban para atraer a los búfalos con la esperanza de una gran cacería.

13

El "pemmican" es uno de los muchos platos elaborados con búfalo.

Las tiras de carne se secan al sol.

Cerezas silvestres, carne de búfalo secada al sol y la grasa derretida se machacan juntas para hacer una comida nutritiva para los viajes, la cual llamaron "pemmican".

"Pemmican" es una comida tradicional que todavía se come en la actualidad.

La ropa estaba hecha de pieles de venado. En el invierno se vestían con túnicas pesadas hechas de pieles de búfalo.

Datos de los nativos americanos

La ropa estaba decorada con pinturas hechas de tierra, plumas, pelos de caballo, dientes de alce y púas de puerco espín aplanadas y teñidas.

17

Durante el invierno les gustaba viajar en trineos.

Una gruesa y pesada piel de búfalo los mantenía calientes mientras viajaban en los trineos.

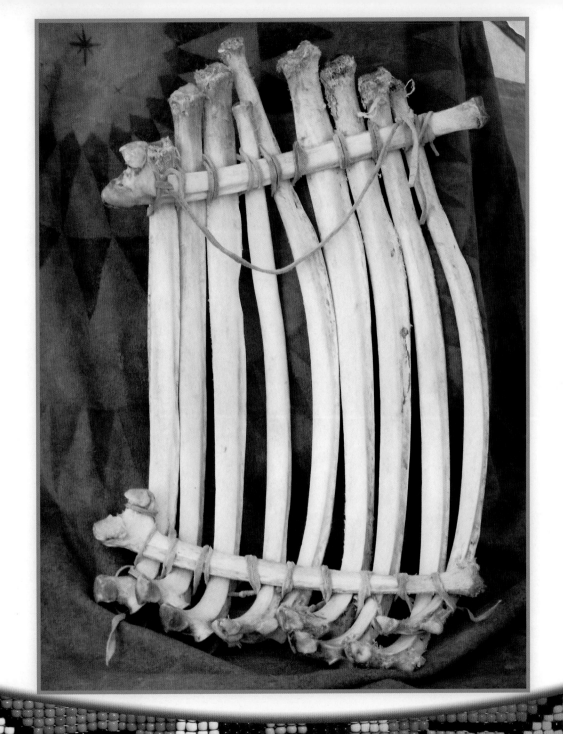

Somos un pueblo que con orgullo transmitimos las tradiciones de nuestros bisabuelos.

Los tambores, las danzas y los trajes típicos son parte de nuestra cultura.

Glosario Ilustrado

 **cazar**: Perseguir a pie o a caballo y luego matar a los animales salvajes para la comida.

 **Grandes Llanuras**: Praderas de pastizales que cubren una gran parte en el centro de los Estados Unidos.

 **interpretar**: Dar un espectáculo en público.

 **tipi**: Nombre en lakota de una casa en forma de cono hecha de pieles de búfalo cosidas juntas y estiradas alrededor de muchos palos largos.

 **travois**: Nombre en inglés para dos varas gruesas amarradas con una tira de cuero formando un marco en forma de V, tirado por un caballo o un perro para trasladar pertenencias.

 **tribu**: Personas que viven juntas y que comparten los mismos antecedentes, costumbres, idioma y leyes.

Índice

Sitios Web

www.americanhistory.si.edu/kids/buffalo/index.html

nativeamericans.mrdonn.org/plains.html

www.native-languages.org/kids.htm

Acerca del Autor

Ann H. Matzke es una bibliotecaria para niños. Ella tiene una Maestría en Escritura para Niños y Jóvenes de la Universidad de Hamline. Ann vive en las Grandes Llanuras en Gothenburg, Nebraska, donde la tribu lakota y otras tribus nativas una vez siguieron a los búfalos.